커피 한잔 할까?

글·그림 김소현

우리가 카페를 찾는 이유

예쁜 공간을 즐기기 위해.
맛있는 커피를 마시기 위해.
추위를 피하기 위해.
더위를 피하기 위해.
지친 다리를 쉬게 해 주기 위해.
수다를 떨기 위해.
위로 받기 위해.

프롤로그

 이런 색깔과 감성을 담아내는 분은 어떤 분일까? 하루아침에 만들어낼 수 없는 감각이 담겨 꾸려지는 곳, 카페는 내게 다채로운 미를 경험하게 해 주는 곳이다.

 잘 꾸며진 공간에서 예쁜 잔에 담긴 맛있는 커피를 마시는 것을 좋아한다. 언제부터 카페를 찾아다니게 되었을까? 내가 처음 마시게 된 커피는 엄마가 커피 두 수저, 프림 두 수저, 설탕 두 수저를 넣고 달달하게 끓인 인스턴트커피였다. 더위사냥 아이스크림을 통해 어렴풋이 향과 맛을 알고 있었기에 엄마가 커피를 마실 때면 나도 한 모금 달라고 졸랐다. 어린이는 마시면 안 된다고 매번 주지 않던 엄마였는데 어쩐 일인지 한 모금 나눠줬다. 생각했던 것보다 쓰고 달았지만 매번 그렇게 얻어 마신 커피에 익숙해졌다. 몰래 만들어 마셔봤는데 그 맛이 아니었다. 엄마의 비율을 유심히 살펴본 후 다시 도전했다. 역시 이 맛이다. 그렇게 커피를 좋아하게 되었다.

 대학생이 된 후 원두커피를 처음 접했다. 당연히 크림과 시럽이 잔뜩 들어간 달달한 커피였다. 어떻게 처음 마시게 되었는지 기억나지 않지만 학교 앞에 있던 카페에서 우유와 초코시럽이 잔뜩 들어간 카페 모카를 마셨다. 한 번 맛본 후 나는 매일 같이 카페 모카를 마시기 위해 카페로 갔다. 그렇게 나의 제2의 커피 시대가 시작되었다. 그 무렵 중앙도서관 20층에 카페가 생겼고, 나와 친구들은 그곳의 단골이 되었다. 과일이 잔뜩 올라간 와플과 아이스크림 위에 진한 에스프레소를 얹어 먹는 아포가토를

알게 되었다. 우리는 중앙도서관만 덜 갔어도 지금쯤 집을 샀을 거라고 우스갯소리를 한다.

  대학교 4학년 때 교환학생으로 도쿄를 갔다. 친구가 도쿄 골목에 있는 카페를 소개하는 책 '카페 도쿄'를 선물해 줬다. 다른 여행지 소개 책과는 달리, 작가가 도쿄에 살면서 좋아하게 된 카페를 소개한 책이었다. 이 책 덕분에 카페를 찾아다니는 재미를 알았다. 번화한 곳이 아니라 동네와 잘 어울리는 개성 있는 작은 카페들을 소개했다. 기숙사와 학교를 중심으로 가깝고 찾아가기 쉬운 곳부터 차근차근 찾아가 봤다. 나카노의 카페 '우나 카메라 리베라'에서 처음 마셔본 허니레몬소다가 달콤했다. 식사 메뉴를 추천해 주셨고 파쿠치가 들어가는데 괜찮은지 물었다. 그게 뭔지 몰랐던 나는 괜찮다고 했다. 파쿠치는 고수였다. 그렇게 처음 고수와 마주하고 당황했다. 취향이 가득한 공간에서 추천해 준 메뉴를 먹어보면서 눈과 입으로 즐기는 다양한 맛의 경험을 했다. 여전히 고수를 어려워한다. 몇 년 후 워킹홀리데이로 다시 도쿄에 갔고 나카노에 여전히 그 자리를 지키는 카페가 반가웠다. 10년이 다 되어가는 지금도 생각나는 곳들이 있다. 예쁜 공간, 그 공간에 어울리는 그릇, 소품, 꾸린 분의 감각을 공유하며 그렇게 나의 공간에 대한 취향, 맛에 대한 취향을 알아가게 되었다.

 드라마 섹스 앤 더시티의 영향으로 카페에서 작업하는 것을 동경했다. 작업실 겸 카페를 운영하는 것을 꿈꾸기도 했다. 20대 중반에 카페 아르바이트를 하면서 커피에 대해 조금 더 알아갔다. 시럽이 들어가지 않은 아메리카노를 마시게 되었고, 쓴맛도 즐기는 진짜 어른이 된 것 같았다. 카페를 운영하는 것이 얼마나 어려운지 알았고 카페를 차리겠다는 로망은 사라졌다. 수면 위를 우아하게 헤엄치는 백조가 생각났다. 물 위에서의 평온함은 물 밑에서 열심히 젓는 발길질 덕분이다. 나는 그저 즐거운 마음으로 향유하고 싶다.

카페 아르바이트를 하면서 모카포트를 샀고, 커피 그라인더를 선물 받았다. 그렇게 홈카페에 입문했다. 예쁜 컵을 사고, 그 컵에 커피를 마신다. 그렇게 일상에 예쁨이 더해지고 오늘이 더 좋은 날이 된다.

목차

단골집 : 블로트커피	22
달콤한 유혹 : 타타에스프레소바	30
동네 카페 : 커피냅로스터스	36
너도 좋아 할 줄 알았어 : 무슈부부커피스탠드	42
이 동네는 카페가 일찍 닫아 : 로우커피스탠드	48
야끼소바의 매력 : 산보클럽	52
모르는 동네 : 올티드 커피	56
오늘은 이곳으로 정했어 : 한강에스프레소	62
커피 한잔을 시켜놓고 : 커피한잔	68
제철 커피 : 테일러커피	74
맛있는 조합 : 유어네이키드치즈	80
아마도 음악을 아끼는 분일 거야 : 카페시노라	84
운수 좋은 날 : 롯지190	88
엄마도 좋아할 거야 : 몰또 이탈리안 에스프레소바	94

나만 변해서 미안해 : 학림다방　　　　　　　　100

더워도 포기 못해: 커피스트　　　　　　　　　106

기다릴 수 있어 : 조앤도슨　　　　　　　　　　112

카페 웨이팅을 카페에서 : 피프에스프레소바　　118

단골집 : 블로트커피

 평일에 즐겨 가는 카페가 있다. 문을 열고 들어가면 정면으로 카운터와 커피를 내리는 곳이 보인다. 그 안쪽으로 로스팅을 하는 공간이 있다. 검은색 카운터, 검은색 머신들, 검은색 테이블, 검은색 의자, 놀라울 정도로 완고한 블랙톤의 심플한 공간이다. 의상마저 검은색으로 입고 있는 사장님의 단정함에서 고수의 냄새가 났다. 커피를 주문하고 입구 쪽 자리에 앉자 큰 유리창으로 햇살이 들어왔다. 커피를 담은 수수한 식기들이 공간과 잘 어우러졌다. 이런 고집스러운 뚝심이 만들어내는 분위기에서 신뢰감을 느꼈다. 작업실 건물 1층에 있어 누군가에게 작업실 위치를 설명할 때 좋은 좌표가 된다. 3년 전 작업실을 알아보러 다닐 때 건물 1층에 카페가 있다는 것이 좋았다. 첫인상처럼 역시 커피가 맛있었고 자연스럽게 단골이 되었다.

내가 시럽이 들어가지 않은 라테를 마실 수 있게 된 일등 공신이 블로트커피다. 믹스커피의 영향이 었을까. 우유가 들어가는 커피에 단맛이 나지 않는 게 어색해 마시지 못했다. 그런 내가 처음으로 시럽이나 설탕의 힘을 빌리지 않고 마신 라테가 블로트커피에서 마신 따뜻한 라테였다. 처음 이사를 하고 한결같이 플랫 화이트에 시럽 한 퍼프를 넣어마셨다. 작업실에 찾아오는 손님들이 블로트커피에서 커피를 종종 사 왔는데 나를 찾아온 손님인 걸 알고 플랫 화이트에 시럽 한 퍼프를 알려주셨을 정도다. 따뜻한 라테를 유난히 잘 만드는 바리스타 분이 새로운 시작을 위해 블로트커피를 떠나게 되셨다. 사장님이 항상 거품이 다르다며 마르고 닳도록 칭찬하셨다. 기회는 이때뿐이었다. 플랫 화이트를 포기하고 따뜻한 라테를 주문했다. 거품을 흩트리고 싶지 않아 설탕을 넣지 않고 마셔봤다. 커피의 고소함과 우유의 고소함이 만나 달콤함까진 아니었지만 은은하게 단맛처럼 느껴졌다. 부드러운 우유 거품 위에 떠있는 하트, 다 마실 때까지 사라지지 않은 하트가 마지막에 입안으로 들어왔다. 그날 이후 우유가 들어간 커피에 시럽을 넣지 않고 마시게 되었다.

 단골의 특권으로 가끔 신메뉴가 나오기 전 테스트 과정에서 미리 시식을 해 보고 감상을 남길 기회가 주어진다. 그럴 때마다 VIP 시사회에 초대된 것처럼 어깨에 힘이 들어갔다. 그중에 버터바는 한껏 기대했던 메뉴였다. 크루아상 생지로 만든 바닥은 바삭했고, 꾸덕꾸덕한 식감에 버터의 진한 풍미와 달콤함이 매력적이었다. 드디어 정식으로 판매되기

시작했고 나는 한동안 친구들을 만날 때면 버터바를 사 갔다. 반응은 다양했다. 달달한 디저트를 좋아하는 친구는 나와 같이 순식간에 먹어버렸고, 내가 한 번에 다 먹는 모습에 혀를 두르는 친구도 있었다. 나의 혈당 수치에 적색불이 들어와 요즘은 건강을 위해 당 섭취를 줄이고 있어 쇼케이스에서 귀엽게 나를 유혹하는 버터바를 외면하는 중이다.

 그림을 그리고 있으면 로스팅 하는 냄새가 올라온다. 냄새에 이끌려 오늘도 어김없이 커피를 사러 내려간다. 블로트커피는 산미 맛집인데 커피의 산미를 즐기지 못하는 내 입맛이 아쉽다. 커피를 더 다채롭게 즐기고 싶어 가끔 산미가 매력적인 원두를 고르지만 역시 아직까지는 산미보단 묵직하고 고소한 다크 원두가 좋다. 직접 로스팅 한 원두들의 매력이 소개된 메뉴판을 살펴본다. '균형감 있는 낮은 톤의 산미, 밀크초콜릿의 풍미와 고소함, 단맛을 바탕으로 한 좋은 밸런스를 가진 블렌드'라고 소개 된 하우스 블렌드와 '다크초콜릿의 달콤 쌉싸름한 풍미와 고소함. 묵직한 바디감을 가진 잘 제어된 블렌드'라고 적힌 다크 블렌드 중 결국 다크 블렌드를 선택하고 라테, 플랫 화이트, 크림 라테, 아크시(아이스크림이 들어간 라테) 중 무엇을 마실지 한참을 망설인다. 좋아하는 메뉴가 늘어 고민이다. 다이어트를 위해 오늘은 아메리카노를 마시겠다고 다짐하고 들어갔지만 달콤한 크림 라테를 주문하고 만다. 내일은 꼭 아메리카노를 주문하겠노라 다짐한다.

누구에게나 열려있는 참새의 방앗간 같은 블로

트커피는 강아지와 산책을 하다 들르는 손님들, 밥을 먹으러 찾아오는 길 고양이들, 아이와 산책 나온 사람들, 바쁘게 일을 하는 사람들, 모두가 편하게 커피를 마시며 쉬어가는 따뜻한 곳이다. 커피 볶는 냄새가 난다. 오늘이야말로 아메리카노를 주문해야겠다.

달콤한 유혹 : 타타에스프레소바

 크리스마스에 부산 여행 갈 준비로 분주했다. 숙소와 케이크를 예약하고 동선에 맞춰 카페와 맛집을 검색했다. 외관이 눈길을 끌어 메뉴를 들여다봤다. 하얀 크림 위에 빨간 체리가 올라간 커피가 눈에 들어왔다. 그렇게 타타에스프레소바를 찾아갔다. 골목골목 오래된 낮은 주택들이 삼삼오오 모여있는 동네, 서로 다른 개성을 뽐내는 상점들이 사이사이에 자리 잡고 있는 골목길을 들어선 순간 설레기 시작했다. 낡은 건물의 느낌을 잘 살린 외관은 멀리서도 눈에 잘 띄었다. 어두운 갈색의 알루미늄의 창과 문, 파란색 천막, 앞에 놓인 벤치, 골목이 만나는 곳에 위치한 2층짜리 건물은 각이 넓은 사각형이라 코너를 돌지 않고도 건물의 정면이 잘 보였고 양옆으로 벌어진 골목길이 눈에 들어왔다.

발길을 재촉해 카페로 들어가자 파란색 모자, 빨간색 재킷으로 의상 콘셉트를 맞춰 입은 멋스러운 직원이 인사를 건넸다. 연체리색 합판으로 둘러진 벽면에 빈티지한 액자들이 리듬감 있게 걸려있다. 오른쪽으로 보이는 음료를 만드는 곳의 벽면에 페르시안 블루 바탕에 흰색 로고가 담긴 액자가 걸려있었다. 그 옆에 있는 하얀색 냉장고에 붙어있는 파란색 스티커, 테이블에 놓여있는 파란색 빨대와 설탕 봉지, 선반에 놓여있는 파란색 머그컵과 소서가 눈에 들어왔다. 브랜드 컬러로 포인트를 준 인테리어가 유니크했다. 마음에 담고 간 콘판나 체리를 주문했다. 주문하는 공간과 커피를 마시는 공간이 분리되어 있었다. 밖으로 나와 오른쪽으로 돌자 바로 옆에 앉아서 마실 수 있는 공간이 마련되어 있었다. 층고가 높아 시원시원했다. 무심하게 놓인 커피 콩

자루들, 비밀스러운 다락방이 보였다. 공간을 둘러보고 사진을 찍다 보니 주문한 커피를 가져다주셨다. 하얀색 소서에 파란색 설탕 봉지와 빨간색 체리가 올라간 커피잔을 올려, 파란색 모자를 쓰고 빨간색 재킷을 입은 직원이 가져다준 모습이 유머러스했다. 커피 맛은 물론이고 벽에 걸린 액자, 컵, 설탕 봉지, 어떤 것도 허투루 고른 게 없다. 서로 다르게 생긴 낮은 건물들, 아기자기한 상점들, 조용한 골목의 분위기, 맛있는 커피를 파는 동네 카페, 이 동네에 작업실 있으면 좋겠다는 생각을 하고 있을 때 함께 간 친구가 "부산 와서 살고 싶다. 니가 온다면 같이 올래"라고 말했다. 꽤 달콤한 유혹에 커피 한 모금 마신 후 창밖을 바라봤다.

봄이 되어 다시 찾아간 부산, 골목의 분위기와 쌉

쌀한 커피 위에 올라갔던 꾸덕꾸덕한 크림이 생각나 다시 발걸음을 옮겼다. 여전히 매력적인 모습으로 나를 유혹했다. 커피를 마시다 보니 맞은편 빵집이 눈에 들어왔다. 앞에 귀여운 노란 자동차가 세워져있다. 아담하고 낮은 건물과 잘 어울리는 작고 귀여운 자동차였다. 나도 저런 차를 몰고 싶다고 말했다. 친구는 나랑 아주 잘 어울린다고 맞장구쳐 줬다. 밖으로 나가 자동차의 로고를 살폈다. 도요타의 오래된 모델인 bb 오픈데크였다. 빵집에서 나온 여자분이 들꽃 한 다발을 안고 노란 자동차에 올라탔다. 골목과 잘 어울리는 귀여운 풍경이었다. 작고 귀여운 노란 자동차를 타고 해변을 달리는 상상을 했다. 역시 달콤한 유혹이었다.

동네 카페 : 커피냅로스터스

 요즘처럼 선선한 바람이 불고 야외에서 마시는 커피가 맛있는 날이면 동네 카페였던 커피냅로스터스가 생각난다. 커피냅로스터스에 가면 항상 플랫 화이트를 주문한다. 플랫 화이트에 시럽 한 퍼프 넣어 마시는 것을 좋아한다. 라테 보다 우유가 적게 들어가 약간의 단 맛이 커피 맛을 헤치지 않아 좋다.

 처음 커피냅로스터를 찾아가는 길은 험난했다. 매일 같이 산책하던 경의선 숲길의 끝자락에 위치하고 있었는데 말이다. 언제나처럼 지도 앱을 켜고 카페 이름을 적고 검색을 눌렀다. 커피'랩'로스터로 이름을 잘 못 검색한 것이 이 험난한 여정의 시작이었다. 하필 멀지 않은 곳에 '냅'과 '랩'이 한 글자가 다른 곳이 있었다. 결국 도착하고서야 잘 못

찾아갔다는 것을 알았다. 지도를 잘 본다고 큰소리치며 친구에게 길 안내를 했는데 민망해진 순간이었다. 엉뚱한 곳으로 갔다가 다시 목적지인 커피'냅' 로스터를 찾아가는 길은 험난했다. 옆으로 철로가 있어 전철이 달렸고, 풀과 나무가 무성한 인도는 둘 사람이 나란히 걷기에는 좁았다. 넓은 차선으로 차들이 빠르게 달렸다. 인적이 드물고 조금 어두운 지하도가 나왔고 그곳을 지나야 했다. 지하도로 내려가면서 친구는 "이번엔 맞는 거지?" "이런 곳에 카페가 있는 거야?"라며 재차 확인했다. 나는 멋쩍게 웃으며 지도가 안내하는 길이 맞는다고 안심시켰지만 여전히 믿지 못하는 눈치였다. 그 후론 그녀는 나를 길치로 여기고 길 찾기를 맡기지 않는다. 이건 조금 억울한 일이다. 어렵게 지하도를 나오니 익숙한 풍경이 눈에 들어왔다. 아니 매일 저녁 산책을 하던 집 앞의 공원길이 아닌가. 이렇게 쉽게 찾아올 수 있는 곳을 돌고 돌아 어렵게 도착한 것이다.

 연남동에 살 때 친구들이 오면 자신 있게 데려갔다. 붉은 벽돌을 언덕처럼 쌓은 인테리어는 볼 때마다 흥미롭다. 들어가면 왼쪽으로 커다란 언덕이 매장 대부분을 차지하고 오른쪽으로 큰 창이 있다. 큰 창 아래에 붉은 벽돌로 벤치처럼 길게 앉을 수 있는 공간을 만들어 두었다. 정면으로 언덕 아래에 카운터와 커피 만드는 곳이 보인다. 언덕의 끝으로 올라가 반대편으로 내려가면 비밀스러운 문이 나오는데 그곳이 화장실이다. 생각해낸 사람과 그걸 허락한 사람의 창의력과 안목이 놀랍다. 날씨가 선선할 때면 큰 폴딩도어를 활짝 열어두는데 마치 야외 광장에 앉아 있는 것 같은 기분이 든다. 우리 동네엔 이런 곳이 있어라고 자랑하듯 함께 가면, 맛있는 커피와 독특한 인테리어로 모두 즐거워한다. 그럴 때마다 그치? 괜스레 내가 흐뭇해진다. 우린 주로 왼쪽 벽을 가득 채운 커다란 원형 거울 앞의 언덕에 걸터앉는다. 벽에 걸린 거울 속에 비치는 우리의 모습을 사진으로 남기기도 하고, 사람이 적은 날엔 언덕 꼭대기에 올라가 앉아 모델이 된 것 마냥 신이 난 서로를 찍어주기 바쁘다. 그 공간에서 보낸 즐거운 시간이 고스란히 담긴다.

너도 좋아 할 줄 알았어
: 무슈부부커피스탠드

  에스프레소에 레몬이라니. 어떤 맛일까? 레몬로마노, 그 맛이 궁금해 무슈부부커피스탠드를 찾아갔다. 창 아래 덕지덕지 붙어 있는 낡은 스티커, 오래된 주택에서 흔히 볼 수 있는 알루미늄 도어, 벽면의 위쪽에 간판을 대신해 카페 이름을 붙인 시트지는 낡아서 반쯤 사라진 글자도 있었다. 세월이 켜켜이 쌓여 자연스럽게 낡은 외관이 멋스러웠다. 알루미늄 도어를 열고 안으로 들어가면 좁은 입구에 낮은 단의 계단이 있다. 계단의 왼쪽 옆으로 카운터가 있고 안쪽으로 길게 바가 늘어서 있다. 바 안쪽으로 커피를 만드는 공간이 있는데 그 뒤쪽 선반에 잔과 위스키 병들이 빽빽하게 들어가 있다. 오른쪽 벽엔 좁은 테이블이 붙어있다. 바를 지나 더 안쪽으로 들어가면 방이었을 것 같은 공간에 문을

제거하고 테이블을 세 개쯤 놓아두었다. 바를 등진 벽 테이블에 자리 잡고 카운터로 가 레몬로마노와 새로 나온 메뉴인 찰리를 주문했다. 레몬로마노가 먼저 나왔다. 고소하고 쌉싸름한 에스프레소를 마시고 나면 커피를 머금은 설탕이 바닥에 깔려있다. 그 설탕을 레몬 위에 잔뜩 올려 먹으면 단맛과 새콤함으로 입안이 가득해져 기분 좋아지는 맛이었다. 마무리로 함께 준 탄산수로 입가심하는 것까지 딱 좋았다. 상큼하고 맛있는 시간이었다. 20대에 처음 가본 위스키바가 생각났다. 슬라이스 된 레몬에 소금과 인스턴트커피 알갱이를 찍어 먹는 안주가 신기했었는데, 잊고 있었던 그때의 기억이 떠올랐다. 새로운 맛을 접하는 것은 가끔 또 다른 즐거움을 주기도 한다. 다음 모임 안주로 오랜만에 먹어봐야겠다. 혼자 가서 두 잔을 한 번에 주문했더니 내가 마시는 페이스에 맞춰 차례로 준비해 주셨다. 섬세한 배려에 기분이 좋아졌다. 에스프레소에 아몬드 크림과 초코 파우더가 잔뜩 올라간 찰리는 달콤 쌉싸름했다.

 너무 좋았던 곳은 좋은 사람과 나누고 싶어진다. 이 공간을 좋아할 것 같은 친구가 떠올랐다. 얼마 후 그 친구와 함께 갔다. 역시나 마음에 들어 했다. 골목을 들어서면서 보이는 카페를 발견하자마자 아주 좋아하며 카메라를 들고 분주하게 사진을 찍기 시작했다. 들어가서도 구석구석 사진 찍기 바빴다. 좁은 공간에 **빽빽**하게 들어차있는 물건들은 쓰는 이의 규칙에 따라 정돈되어 복잡하지만 어지럽지 않다. 이번엔 커피 만드는 모습이 잘 보이는 바에 앉았다. 친구는 왁자지껄한 인테리어가 징글

징글할 정도로 예쁘다고 감탄했다. 우리는 고집과 취향이 잘 드러나는 곳에서 믿음을 느끼는 사람들이다. 알이 작고 동그란 개성 있는 뿔테안경이 잘 어울리는 바리스타가 섬세하게 커피를 만드는 모습을 보며 친구는 맛에 예민할 것 같은 집념이 느껴진다고 한껏 기대했다. 이번에도 기대를 배신하지 않았고 둘 다 연신 맛있다고 말했다. 좋아하는 사람과 멋진 공간에서 맛있는 커피를 마시며 함께 나누는 대화들로 채워지는 에너지, 몸과 마음이 다 충전되는 시간이다.

이 동네는 카페가 일찍 닫아
: 로우커피스탠드

　친구가 광진구로 이사를 하면서 성수와 뚝섬에서 자주 만나게 되었다. 그날도 친구의 퇴근 시간에 맞춰 뚝섬으로 갔다. 좁은 골목길 끝에 작고 귀여운 테이크아웃 카페가 눈에 띄었다. 건물 위에 녹색 식물이 무성했다. 불이 꺼진 것으로 봐선 영업이 종료된 것 같았다. 가까이 다가가 보니 7시 전에 영업을 종료하는 곳이었다. 근처에 회사가 많은 곳이라 그런가. 이 동네 카페는 대부분 7시면 문을 닫는다. 그마저도 요즘은 코로나 때문에 더 일찍 닫는 곳도 많아졌다. 카페가 있는 골목을 지나며 친구가 여기 커피 맛있데라고 들은 이야기를 전했다. 우리는 다른 동네 직장인은 평일엔 영영 갈 수 없다고 투덜거렸다. 이 동네 카페를 가려면 주말에 이른 시간에 와야 했다.

우리는 결국 큰마음 먹고 주말에 다시 찾아갔다. 낮에 본 카페는 창이 활짝 열려 있고 활기찼다. 커피를 주문하고 기다리는 사람들로 붐볐다. 저녁엔 보이지 않던 높은 접이식 흰색 의자 몇 개와 나무 벤치가 놓여있었다. 여름을 보낼 준비를 하며 불어오는 선선한 바람과 뜨겁기보단 따사로운 햇살이 기분 좋은 날 벤치에 앉아 시원한 라테를 마셨다. 여름에서 가을 그 언저리쯤, 밖에서 마시는 커피가 맛있는 계절이었다.

다시 찾아올까 싶은 그 무렵의 일상(마스크를 하지 않고 다니던)이 낯설게 느껴진다. 사소하지만 돌아오지 않아 붙잡고 싶은 순간들이다.

야끼소바의 매력 : 산보클럽

 날씨가 더워 시원한 커피가 당겼다. 아이스커피 두 잔과 배가 고팠던 우리는 빵 메뉴를 살폈다. 간판 메뉴인 야끼소바빵을 빼먹지 않고 토스트와 함께 주문했다.

 내가 처음 비행기를 타고 간 곳은 도쿄였다. 드라마와 영화 속에서 자주 봤던 야끼소바빵 맛이 궁금했다. 매점에서 항상 제일 먼저 품절되는 인기 메뉴로 등장했다. 너무 기대를 했던 탓일까. 먹어보고 조금 실망했던 기억이 난다. 야끼소바도 좋아하고, 빵도 좋아하지만 두 가지를 같이 먹었을 때의 매력을 느끼지 못했다. 그 이후 다시 생각나지 않아 먹지 않았는데, 십수 년이 지나 이렇게 한국에 있는 카페에서 다시 먹게 될 줄이야.

매력적인 자태를 뽐내며 등장한 야끼소바빵, 보기엔 역시 먹음직스러웠다. 고소하고 부드러운 빵과 짜지 않고 적절하게 간이 된 야끼소바 덕분에 맛있게 먹긴 했지만(첫인상 때문일지도 모르지만) 사실 여전히 같이 먹어야 하는 이유는 잘 모르겠다.

 하사미(일본에서 유명한 도자기 브랜드) 머그컵에 담긴 아이스커피, 도쿄에서 처음 먹어본 야끼소바빵. 도쿄 어딘가에 있어도 전혀 이질감이 없을 것 같은 산보클럽, 도쿄를 산책하던 그 무렵이 그리워지면 나는 다시 이곳을 찾아오겠지. 그리곤 또 야끼소바빵을 주문하고 왜 같이 먹는지 의문을 가질 것이다. 어쩌면 그제서야 맛있다고 느낄지도 모른다. 변하지 않는 것은 없으니까.

모르는 동네 : 올티드 커피

 길치인 나에게 스마트폰 지도 앱은 정말 감사한 기능이다. 모르는 동네를 무턱대고 걷다 길을 잃어도 근처 전철역만 찾으면 집으로 돌아올 수 있으니 말이다. 그렇게 가끔 나는 잘 모르는 동네로 소소한 모험을 떠난다.

 평소 눈여겨봤던 브랜드인 커런트브라운의 액자들을 둘러보다 올티드커피에서 실물을 볼 수 있다는 것을 알게 되었다. 올티드 커피가 있는 가락동으로 찾아갔다. 가락동은 참 생소한 동네다. 올티드 커피가 아니었다면 어쩌면 평생 발길이 닿지 않았을 지도 모른다. 이렇게 나는 가보고 싶은 카페들 덕분에 낯선 동네로 발걸음을 옮긴다. 경찰병원역, 생소한 이름의 역에서 내렸다. 시원한 커피가 마시고 싶은 초여름 날 뜨거운 햇볕 아래 지도의 안내에 따라 걸었다. 큰길 옆에 있어 찾아가는 게 어렵지 않았다. 나의 모험에 동행해 준 친구들과 카페로 들어갔다. 따뜻한 옐로 톤의 내부와 우드 액자가 잘 어우러져있다. 오크색의 테이블들이 줄 맞춰 나열되어 있고 벽면에 잘 짜인 선반 위에 다양한 이미지의 포스터를 담은 액자들이 놓여있어 규칙적이면서도 리듬감이 있었다. 우리는 들어가면 왼쪽에 있는 분리된 공간에 놓인 3인 이상 사용 가능한 커다란 테이블에 앉았다. 큰 창으로 햇빛이 쏟아져 들어왔다. 햇살 가득한 그 공간 속에 있는 우리의 모습이 예뻐 보였다. 아이스크림과 브라운 치즈가 올라간 크로플을 시키고 싶었는데 서툰 주문으로 브라운 치즈만 올라간 크로플이 나왔다. 다행히 브라운 치즈의 짠맛과 메이플 시럽의 단맛이 잘 어울려 아이스크림이 없어도 맛있었다. 대학 시절 함께 살

면서 매일 붙어 다녔는데, 요즘은 셋이 시간 맞추기가 어렵다. 오랜만에 만난 우리는 시원한 아메리카노를 마시며 정신없이 밀린 수다를 떨었다. 서로의 고민을 나눴고, 아직도 방황 중인 나의 이야기를 털어놨다. 오래 걸어온 이 길이 맞는지 불안했다. 길을 잃지 않게 빵 부스러기라도 뿌려둬야 할 것만 같았다. 나의 게으름과 더딤을 한탄하며 조바심을 냈다. 그런 나를 보고 친구는 내가 보기에 넌 충분히 부지런하다고 말했다. 문득 오래전 자신의 게으름을 탓하던 친구와 나눈 대화가 생각났다.

"내가 조금만 더 부지런했으면 좋겠어."
"근데 생각해 보면 우리 그렇게 게으르지 않아. 일하고 와서 또 계획을 세우고, 준비하고, 생각하고, 문득 그런 생각이 들었어."

"아냐. 난 게을러. 오늘도 집에 와서 뒹굴고 있는 걸."
"다 그래, 그게 정상이야. 일을 하고 와서 쉬는 거. 그러니 스스로 자책하지 마."
"응."
"우린 잘 하고 있어. 조금 더딜 뿐 우리의 상황 속에서 꽤 열심히 살고 있어."

참 신기하게도 누군가를 위로하기 위해 한 말에 스스로 위로받았었다. 이때 내가 친구에게 건넨 말은 고스란히 다시 나에게로 돌아왔고 또 한 번 위안되었다. 어쩌면 우린 자기 자신에게 가장 엄격했을지도 모른다. 셋이서 나눈 많은 이야기들이 좋은 자극과 격려가 된 소중한 시간이었다.

오늘은 이곳으로 정했어
: 한강에스프레소

　오래된 건물들이 많은 망원의 골목을 좋아한다. 낮은 건물들이 각자의 개성을 뽐내며 반겨주는 느낌이 좋아서 자주 산책을 간다. 맛있는 카페들이 골목 여기저기 숨어있어 찾아가는 재미가 있다. 걷는 것을 좋아해 가끔 집에서 30분 이상 걸어야 하는 카페로 커피를 마시러 간다. 그런 나를 보고 친구는 장수 할머니가 될 것 같다고 했다.

　4월에서 11월, 조금 선선하거나 더운 계절. 내가 1년 중 가장 활발하게 걷는 시기다. 바람이 선선하게 불어 이날은 집에서 1시간 가까이 걸어야 하는 한강에스프레소를 가 보기로 했다. 합정역 근처에 사는 친구와 만나 지도 앱이 알려주는 길을 따라 부지런히 걸었다. 한참을 걸어 카페가 있는 사거리 길

모퉁이에 도착했다. 파란색 차양막이 눈에 띄는 붉은 벽돌 건물이 보였다. 드디어 다다랐다. 가는 길이 멀수록 커피가 맛있는 법이다. 역에서 조금 안쪽으로 들어가야 하는 한적한 곳에 있었다. 맛의 자부심이 느껴지는 위치였다. 안으로 들어가니 밖에서 보는 것보다 좁았다. 벽면 전체가 오래된 주택에서 흔히 볼 수 있는 연체리색의 합판으로 마감되어 있었다. 짧은 바가 있고 그 안쪽으로 공간에 맞게 짜인 나무 선반이 있었다. 선반엔 오밀조밀하게 위스키 병과 잔들로 채워져 있었다. 세 개의 창틀 선반엔 미색의 타일로 테이블을 만들어 두었다. 제일 안쪽의 창가 자리는 에스프레소 머신을 두어 그곳에서 커피를 만들었다. 활짝 열어둔 창으로 바람 살랑살랑 불어왔다. 우리는 두 명이 앉을 수 있는 창가 자리를 선택했다. 창밖을 보며 나란히 앉았다. 길모퉁이의 가게들, 인도를 이어주는 횡단보도, 건너는 사람들, 도로를 달리는 자동차와 오토바이가 보였다. 길모퉁이에 있는 모서리를 사선으로 자른 것처럼 만들어 건너편에서 삼면이 잘 보이는 모양의 건물을 좋아한다. 길과 건물을 연결해 주는 느낌이 좋다.

 시그니처 메뉴인 시트러스를 주문했다. 설탕이 들어간 달콤한 에스프레소에 오렌지 즙을 직접 짜서 섞어 마시는 방식의 커피다. 빈티지한 에스프레소 잔 위에 오렌지 한 조각이 올려져 나왔다. 시원한 탄산수를 같이 준비해 줬다. 산미 있는 커피가 아직 어려운 나에겐 꽤 도전적인 메뉴였다. 걱정과는 다르게 오렌지의 새콤달콤함과 에스프레소가 아주 잘 어울렸다. 해가 질 무렵 노을을 바라보며 마시는 커피가 맛있어 기분이 좋아졌다. 커피와 분위기에 취해 수다스러워진다. 작은 공간에 가득한 물건들 덕분일까. 분주하게 커피를 만드는 소리와 우리의 조잘조잘 수다 소리가 잔잔하게 흘러넘쳤다.

커피 한잔을 시켜놓고 : 커피한잔

 세월의 흔적이 쌓인 오래된 것을 좋아한다. 사직동을 산책하면 시간의 흔적이 느껴지는 곳을 많이 만나게 된다. 커피한잔도 그렇게 만나게 되었다. 손길이 오래 닿아 낡았지만 방치되지 않고 여전히 쓰이고 있는 것들이 가득한 곳이다. 문을 열고 들어가면 과거로 여행을 떠난 것 같다. 초등학교 때 왁스 칠을 하던 나무 마룻바닥, 어렸을 때 할머니 집에서 본 것 같은 장식장, 장식장을 가득 채운 오래된 찻잔, 붉은색의 화장대, 딱딱하고 두꺼운 원목 테이블이 눈에 들어왔다. 안쪽으로 음료를 만드는 곳이 넓게 자리하고 있고, 천장엔 오래된 뮤직비디오 세트장에서 본 것 같은 커다랗고 둥근 알록달록한 원색의 조명이 달려있다. 한쪽 벽면에 있는 선반을 가득 채운 LP 판이 보였다. 선반 위로 낡은 전축이 있다.

다녀오고 난 후 알게 되었는데 이곳은 영화 '최악의 하루' 촬영지였다. 영화 속엔 서촌의 골목골목이 담겨있는데 커피한잔도 그중 한 곳이었다. 운철과 은희가 커피를 마시며 진실이 담기지 않은 대화를 나눴던. 좋아하는 영화라 여러 번 봤는데 알아차리지 못하다니. 운철이 은희에게 잊을 수 없는 황당한 말을 했던 곳인데 말이다.
"저는 행복해지지 않으려고요. 어떻게 진실이 진심을 이겨요."

 주문한 커피와 디저트가 오래된 잔, 오래된 접시에 담겨 오래된 포크와 함께 나왔다. 호돌이가 그려진 나와 비슷한 나이의 88올림픽을 기념하는 포크가 귀여웠다. 지금은 살 수 없는 귀한 것들에 대접받았다. 많은 사람들이 더울 땐 몸을 식히며, 또 추울 땐 몸을 녹이며 이곳에서 커피와 시간을 보냈겠지? 다양한 이야기를 담고 있을 것 같은 커피는 참 신기한 음료다. 손과 잔 속에 담겨있을 각자의 이야기, 그 이야기를 듣는 시간이 좋다.

신중현의 [커피 한잔]
커피 한잔을 시켜놓고
그대 올 때를 기다려봐도
웬일인지 오지를 않네
내 속을 태우는구려
8분이 지나고 9분이 오네

 문 앞에 적혀있는 이 가사를 보자마자 멜로디가 떠올라 머릿속으로 따라 불렀다. 나는 이 노래를 어떻게 아는 걸까? 한참을 고민하다 커피 아이스

크림이 떠올랐다. 어렸을 때 커피 아이스크림 광고에서 들었던 노래다. 벌써 30년도 전인데 기억하고 있는 걸 보면 역시 노래가 주는 힘은 대단하다. 공간과 어울리는 오래된 노래가 흘러나왔다. 10대 때 내가 노래를 듣고 있으면 엄마는 요즘 노랜 내용을 알 수 없다며 엄마가 젊었을 때 들었던 노래엔 사람 사는 이야기가 담겼다고 말했다. 요즘 우리는 10대 때 들었던 노래를 회상하며 절절한 이야기가 담겼다고 말한다. 지금 10대들도 20년쯤 지나 같은 얘기를 할지도 모른다. 낡은 LP에서 흘러나오는 모르는 노래를 들으며 엄마가 했던 얘기가 떠올랐다. 노래엔 사람 사는 이야기가 담겨있다.

제철 커피 : 테일러커피

 코끝이 시려오면 생각나는 커피가 있다. 나는 겨울에 외출하는 것을 좋아하지 않는다. 더운 것보다 추운 것을 싫어해 겨울이 되면 겨울잠을 자는 곰이 되고 싶다. 추위에 어깨를 움츠리는 것만으로 근육통에 시달리고 피곤하다. 두껍고 무거운 옷들을 짊어지고 그 무게를 견뎌야만 하는 겨울이 싫다. 무기력해지고, 게을러지며 속절없이 전기장판 속으로 녹아내리는.

 처음 서울에서 맞이한 겨울의 혹독한 추위를 잊을 수 없다. 울산에서는 맛보지 못한 추위였다. 외출이라도 할라치면 철저하게 방한 작업에 들어가야만 했다. 히프 워머에 쫄바지, 껴입을 수 있는 것이라면 다 껴입었다. 엄마는 해마다 겨울이 되면 추위도 많이 타는 애가 서울에서 사는 게 용하다고 한

다. 그런 나를 집 밖으로 나오게 만든 것이 테일러 커피의 블루지다.

　함께 살던 친구가 마르고 닳도록 칭찬을 해서 같이 마시러 갔다. 어머, 너무 맛있잖아. 칭찬 들어 마땅해! 집에서 많이 떨어지지 않은 곳에 있었는데 왜 여태 몰랐을까. 그날 이후 나는 블루지에 중독되어 버렸다. 달콤함 속에 은은하게 느껴지는 산미에 매료되어 한때는 매일 두 잔씩 마셨을 정도다. 이상하다. 나는 산미가 나는 커피를 좋아하지 않는데. 왜 이렇게 맛있을까? 여전히 의문스럽다. 식감 때문에 땅콩을 싫어하지만 갈아 만든 땅콩잼은 달고 고소해 좋아하는 것처럼 입맛이란 참 복잡하고 미묘하다. 추위만큼 싫어하는 것이 달리기인데 영업시간 20분 남았을 때 블루지를 마시겠다는 집

착이 나를 뛰게 만들었다.

 얼음이 들어가지 않는 차가운 커피라 얼음이 녹으면서 맛을 흐리지 않아 좋았다. 여름의 열기에 식지 않는 겨울이 제철이긴 하지만 하필 이 추운 날 내 앞에 나타나 나를 힘들게 하는 걸까. 두꺼운 패딩을 꺼내 입고 블루지를 사러 갈 준비를 했다. 어렵게 밖으로 나왔는데 한 잔만 사서 갈 수 없다. 어김없이 블루지 두 잔을 사들고 돌아왔다. 한 잔은 냉장고에 넣어두고 나머지 한 잔을 마시며 조금 뒤에 한 잔 더 마실 수 있다는 생각에 든든했다. 밥은 걸러도 블루지를 거르는 법이 없었다. 추위에 맞서 외출하는 것을 마다하지 않았다. 겨울잠을 자는 곰이 되지 않아도 좋았다. 그 지겨운 겨울을 버텨낼 수 있었던 건 블루지의 달콤함 덕분이었다.

이사를 하고 멀어져 발길이 뜸해졌지만 가끔 블루지가 생각나면 우리는 테일러커피에서 모인다. 여전히 맛있는 이 커피를 마시기 위해. 바람이 제법 차가운 걸 보니 제철이 다가오고 있다.

맛있는 조합 : 유어네이키드치즈

 커피랑 잘 어울리는 고소한 콩테 치즈를 좋아한다. 커피와 함께 먹기 위해 자주 사다 놓는다. 유어네이키드치즈에서 처음 콩테 치즈를 알게 되었다.

 커피에 치즈라니 어떤 맛일지 궁금해 친구를 졸라 성수로 갔다. 치즈 케이크와 커피가 잘 어울리는 것처럼 치즈와도 잘 어울리겠지? 새로운 맛을 접할 생각에 설레는 마음으로 들어갔다. 알록달록한 색감이 우리를 반겼다. 와인과 식료품들이 높은 천장까지 이어진 선반에 가득 진열되어 있었다. 각양각색의 라벨이 붙여진 제품들이 놓여있어 아기자기하다. 작은 것들을 모아 이렇게 다채로운 분위기를 만들어내다니. 제품을 배치한 분의 감각에 감탄했다. 주방 쪽 철제 선반들 속엔 형형색색의 그릇들로 가득했다. 화려한 색감들 덕분에 밝고

경쾌한 느낌이 들었다. 기분이 들떠 뭐든 다 맛있을 것 같았다. 커피를 주문하면 커피가 담긴 빈티지한 예쁜 잔 위에 콩테 치즈를 함께 올려 줬다. 달달한 디저트도 함께 주문했다. 토치로 윗면을 녹여주는 크렘브륄레 치즈케이크와 브라운 치즈가 들어가는 몬테크리스토를 골랐다. 크렘브륄레처럼 설탕이 열에 녹아 단단한 캐러멜 캔디가 되어 치즈케이크에 올라가 있는 것을 상상했다. 케이크와 함께 녹아 흘러내려서 그런지 단단한 설탕 캔디가 없어 조금 아쉬웠지만 달콤하고 부드러워 커피랑 잘 어울렸다. 홀그레인머스타드와 브라운 치즈 조합이 매력적인 몬테크리스토도 맛있게 먹었다. 가장 기대하고 갔던 건 역시 콩테 커피, 처음 먹어보는 콩테 치즈는 견과류에서 느껴지는 고소한 맛이 나 매력적이었다. 강하지 않게 산미도 느껴지면서 고소한 커피와 아주 잘 어울렸다. 치즈가 더 먹고 싶어 커피를 한 잔 더 시켰다. 커피는 리필이 된다고 하셨지만 목적은 치즈였기 때문에 추가 주문을 했다. 풍미를 잔뜩 만끽하고 그 맛에 반해버린 우리는 콩테 치즈를 사들고 나왔다. 집에 가서 커피와 먹을 생각에 저절로 미소가 흘러나왔다.

아마도 음악을 아끼는 분일 거야
: 카페시노라

 봄이 찾아오기만을 기다리던 어느 늦겨울, 아직은 밖에서 오래 걷기 힘든 날씨였다. 서촌을 산책하던 우리는 추위를 피할 휴식이 필요했다. 가장 가까운 곳에 있는 카페를 찾아 들어갔다.

 내가 떠올리는 서촌과 많이 닮은 느낌의 따뜻한 우드톤에 빈티지한 가구들이 좁은 공간에 멋스럽게 잘 배치되어 있었다. 이런 감성을 가진 사람은 어떤 삶을 살아왔을까. 주인장의 취향이 차곡차곡 잘 쌓인 독특한 분위기의 멋진 곳이었다.

 대화를 방해하지 않을 정도의 적당한 크기로 흘러나오는 음악소리가 좋았다. 한편에 놓인 커다란 스피커가 보였다. 음악을 아끼는 분이라는 것이 느

껴지는 공간이다. 나는 평소에 케이팝을 즐겨 듣기 때문에, 꾸려가는 분의 취향이 반영된 플레이리스트는 생소한 음악을 접할 수 있어 신선한 경험이 된다.

 이곳에서만 마실 수 있을 것 같은 특별한 맛은 아니지만 무난해서 모나지 않은 평범하게 맛있는 커피, 직접 만든 티라미수라는 이름처럼 멋부리지 않아 어디선가 먹어 본 것 같은 익숙한 맛의 티라미수, 아는 맛이 제일 무섭다. 자극적이지 않은 '집밥'처럼 튀지 않고 이곳과 조화를 이뤘다. 잘 맞춰진 균형 속에서 아늑함을 느끼며 우리는 따뜻하게 몸을 녹이며 편안한 휴식 시간을 보냈다.

운수 좋은 날 : 롯지190

 일주일에 삼 일 만보 걷기 챌린지를 시작했다. 약속시간까지 세 시간의 시간이 남았다. 롯지190은 지도의 안내에 따르면 작업실에서 걸어서 한 시간 거리에 있었다. 한 시간 걸어가서 전날부터 너무 먹고 싶었던 프렌치토스트를 한 시간 동안 먹고, 출발하면 한 시간 정도 걸리니 충분하겠지? 걸음 수도 채우고, 욕구도 채울 수 있는 멋진 계획이었다. 서둘러 걸으면 좀 더 여유롭게 먹는 시간을 확보할 수 있다는 생각에 해가 뜨거운 여름 한낮에 부지런히 걸었다. 땀을 뻘뻘 흘리며 걷다 지쳐 그냥 포기하고 가는 길에 보이는 카페로 들어갈까 망설였다. 그럴 때마다 고진감래라고, 도착해서 마실 시원한 커피가 얼마나 맛있을까? 달콤한 프렌치토스트는 또 어떻고! 그렇게 스스로를 타일러 드디어 도착했다. 서둘러 걸어간 덕분에 예상 시간 보다 10분이

나 빨리 도착했다.

 어두운 갈색 벽돌의 오래된 건물 1층 상가의 입구는 윗면이 곡선으로 되어있어 이국적이었다. 한쪽에 세 개의 상가 있는데 두 곳을 같이 사용했다. 옆집에 있는 세탁소와 밖에 나와 있는 세탁기가 레트로해 건물과 잘 어울렸다. 귀여운 외관도 찍어야지 하고 맞은편으로 달려가 카메라를 들었는데 느낌이 좋지 않았다. 다급하게 카페로 들어갔는데 역시나 만석이었다. 다행히 첫 번째 순서라 금방 자리가 날 것 같았다. 연락처를 남기면 자리가 나는 대로 전화 주겠다는 안내에 따라 번호를 남기고 터덜터덜 밖으로 걸어 나왔다. 어디서 시간을 때울지 고민하는데 바로 앞에 하천을 따라 산책로가 보였다. 나무 그늘 덕분에 조금은 시원한 바람이 살랑살랑 불었다. 그래, 조금만 더 걷자 하고 계단을 내려

가려는데 전화가 왔다. 토스트를 급하게 먹지 않아도 된다는 안도의 미소를 지으며 서둘러 카페로 들어갔다. 아일랜드식으로 신경 써서 만든 주방이 눈에 띄었다. 식기들이 정갈하게 잘 정돈되어 있다. 절반 이상을 주방으로 사용해 주방 앞쪽엔 자리가 많지 않았다. 오른쪽에 2인용 테이블 하나가 놓여있고 왼쪽 벽에 기역 자로 나무 벤치가 있고 가운데 테이블이 하나 놓여 있다. 오른쪽 벽 중앙에 아치 모양으로 뚫어 만든 입구가 있었다. 오른쪽 공간엔 긴 테이블 하나와 2인용 테이블이 세 개쯤 있었다. 나는 비어있는 주방 앞에 놓인 2인용 테이블에 앉았다.

 미리 생각하고 갔던 코르타도(우유가 적게 들어가는 라테, 플랫 화이트와 비슷하다)와 프렌치토스트를 주문했다. 좋아하는 설탕의 단맛과 촉촉하면서 쫀득한 식감의 프렌치토스트가 딱 원하던 맛이었다. 커피 맛이 씁쌀하고 진한 코르타도와 잘 어울렸다. 포기하지 않고 찾아오길 잘했다. 맛있게 먹고 있는데 기다리던 좋은 소식의 메일을 받았다. 그 덕분에 구청을 들러야 했는데 집에선 많이 떨어진 곳에 있는 구청이 때마침 카페 근처에 있었다. 머피의 법칙과는 반대로 너무 잘 맞아떨어지는 타이밍으로 기분이 좋아졌다. 무사히 일 처리를 하고 여유롭게 약속 장소로 갔다. 운수가 좋은 날이다.

엄마도 좋아할 거야
: 몰또 이탈리안 에스프레소바

 엄마와 서울 구경을 하기로 했다. 무엇을 하고 싶은지 물으면 항상 나랑 함께면 뭐든 좋다고 말하는 엄마라 데이트 코스를 짜는 것은 늘 나에게 큰 숙제다. 엄마랑 대만 여행을 갔을 때 네가 가고 싶은 곳에 가자고 했던 엄마는 카페만 찾아다니는 나에게 결국 니가 금붕어냐고 하루 종일 물만 마신다고 푸념했다. 엄마, 내 몸엔 커피가 흐르고 있을지도 몰라.

 어디를 가면 좋을지 고민하던 중 테라스에서 명동 성당이 보이는 카페(결국 카페다)가 생각났다. 오래된 붉은 벽돌의 성당이 보여 이국적인 분위기로 유명한 곳이다. 엄마와 나는(종교가 있는 것은 아니지만) 오래된 절과 성당 가는 것을 좋아한다.

고즈넉해 마음이 차분해진다. 카페에 가서 남산과 성당을 바라보며 커피 한잔 마시고 성당을 산책하기로 했다. 카페 가는 것을 좋아하는 나와 성당 가는 것을 좋아하는 엄마에게도 안성맞춤인 꽤 괜찮은 계획이었다.

 햇살은 뜨겁지만 바람이 시원한 초여름은 테라스를 즐기기 좋은 계절이다. 역시 인기가 많은 곳이라 그런지 평일 낮인데도 사람이 많았다. 성당을 배경으로 사진을 찍는 사람, 커피를 마시는 사람, 자리가 나오길 기다리는 사람, 다양한 사람들로 북적거렸다. 성당을 산책하는 사람들도 보였다.

 우리는 잠깐의 웨이팅 후 명동 성당이 잘 보이는 난간 쪽 자리에 앉았다. 엄마는 따뜻한 아메리카노를 크림과 소금의 조합을 좋아하는 나는 카페 살레를 마셨다. 엄마는 명동 성당도 다 와보고 출세했다며 좋아했다. 근사한 서울 여행이다.

 비가 많이 내리는 날이었다. 일 때문에 몰또 이탈리안 에스프레소바 근처에 갈 일이 생겼다. 비 오는 날은 어떤 모습일지 궁금해져 일을 끝내고 다시 찾았다. 북적대던 맑은 날과 다르게 텅 빈 테라스, 테라스 한편에 쌓인 테이블 위로 빗물이 떨어지고 있었다. 저 멀리 남산타워가 보였었는데 먹구름에 가려 보이지 않았다.

 내부는 스탠딩만 가능한데 괜찮은지 물었다. 최근에 스탠딩 에스프레소바를 자주 접한다. 앉아 있는 시간이 많아서 서있는 시간을 꽤 좋아한다. 괜찮다고 말하고 주문하러 카운터로 향했다. 피곤해서 달고 진한 커피가 마시고 싶었다. 에스프레소 위에 달콤한 크림이 올라간 카페 콘판나를 주문했다. 테이블에 가방을 내려놓고 밖을 보고 있는데 손님 하고 부르는 소리가 들렸다. 바리스타였다. 휘핑크림을 좋아하는지 물었다. 좋아한다고 하자 그럼 좀 더 많이 올려드릴까요라고 했다. 잠시 망설이다 얼마 전 건강 검진 결과에 혈당 수치가 높으니 주의하라는 경고가 떠올라 꾹 참고(사실 많이 올려주세요라고 말하고 싶었지만) 그냥 평소 올리시는 만큼만 올려주세요라고 말했다. 크림을 반쯤 떠먹고 남은 크림을 에스프레소와 잘 섞어 마셨다. 달콤 쌉쌀했다. 역시 크림을 더 많이 올려달라고 할 걸 그랬다.

빗방울이 커지더니 무섭게 쏟아졌다. 문을 살짝

열고 창에 가려 잘 보이지 않던 빗 속의 성당과 남산을 바라봤다. 들어올땐 보이지 않던 남산타워도 보였다. 빗소리를 들으며 잠시 숨을 돌렸다. 빗줄기가 약해질때까지 가만히 기다렸다가 어두워지기 전에 집으로 발걸음을 옮겼다. 이 비가 지나가고 나면 가을이 찾아올 것 같다. 그럼 다시 이곳이 북적북적해지겠지.

나만 변해서 미안해 : 학림다방

 오랜만에 친구에게 카톡이 왔다. 오늘 8시 연극 보러 오지 않겠냐고, 매일같이 연극과 뮤지컬을 보러 다니던 때가 있었는데 연극 보러 가는 길이 참 낯설게 느껴졌다. 시간이 지나면서 나의 관심사도 변하고, 그렇게 일상도 변한다. 어쩌면 그래서 이 평범한 일상이 지나고 나면 특별해 보이는 걸지도 모른다.

 연극과 뮤지컬에 빠져 대학로를 내 집처럼 드나들면서 학림다방을 알게 되었다. 대학로에서 오래 사랑받고 있는 곳이다. 옛 서울대학교 문리대의 옛 축제명인 학림제가 학림다방에서 유래되었을 정도다. 공연을 보면서 알게 된 분과 공연 이야기를 나누러 처음 갔었다. 세월의 흔적이 남아있는 오래된 건물을 신기해하며 계단을 올랐다. 2층의 입구로

들어가면 바로 보이는 뮤직 박스, 지금은 계산대로 쓰이고 있어 포스기가 놓여있다. 그 뒤에 LP 판이 빼곡히 들어있다. 어떤 신청곡들이 흘러나왔을까? 나무 기둥과 테이블들은 낡아서 여기저기 칠이 벗겨져 있어 흘러간 시간이 느껴졌다. 안쪽으로 다락이 있는데 나는 다락 자리를 좋아한다. 위에서 내려다보이는 다방의 전경을 보는 것이 좋았다. 많은 청춘들이 모여 낭만을 이야기했을 그 공간을.

 대표 메뉴인 비엔나를 주문했다. 네가 그 유명한 학림다방 비엔나구나. 스타를 만난 것처럼 들떴다. 꽃잎처럼 올라가 있는 크림의 멋스러움에 반하고, 고소한 커피와 함께 부드럽게 목으로 넘어갈 때의 달콤함에 또 반해 한동안 학림다방 비엔나 앓이를 했었다. 공연 시간을 기다리며, 공연을 보고 나와 열띤 감상을 나누며, 친구에게 고민을 털어놓으며 비엔나를 마셨다.

 대학로를 향하던 내 발걸음이 뜸해져 잊고 있었는데 오랜만에 비엔나가 마시고 싶어졌다. 몇 년 만에 찾아왔는데 이곳은 시간이 머물러 있어주는 것 같아 안도감이 들었다. 변하는 것들 사이에 변하지 않고 그 자리에 있어줘서 고마웠다. 서랍 속에 고이 넣어두었던 일기장을 꺼내본 것처럼 그 무렵의 내가 있다. 학림다방 홈페이지에 '공간이 없으면 시간은 어디에 기억될 것인가'라고 적혀있다. 그렇게 학림다방은 나의 시간도 기억해 주고 있었다.

 여전히 북적거렸고 많은 사람들이 쉬어가는 곳이었다. 메뉴판을 주셨지만 망설임 없이 따뜻한 비엔나를 주문했다. 한결같은 모습으로 나와 별일 없다고 안부를 전했다. 평소엔 예쁘다고 생각하지 않았던 포트메리온 잔이 이곳에선 참 예쁘다. 요즘은 흔히 마실 수 없는 오롯이 고소한 맛을 내는 커피 위에 달콤하고 묵직한 크림이 반갑다. 차가운 크림이 입에 닿는 느낌이 좋다. 그 뒤를 따라오는 따뜻한 커피, 이렇게 달았던가? 입맛이 달라진 걸까? 결국 나는 달달한 크림을 다 먹지 못했다. 이곳은 그대로인데 나만 변한 것 같아 못내 아쉽고 미안하다. 그 시절을 꺼내보고 싶을 때 다시 찾아야지. 그때는 또 어떤 맛으로 기억하게 될까.

더워도 포기 못해 : 커피스트

 한때 예쁜 잔에 담긴 크림 보는 것을 좋아해 여기저기 비엔나커피를 찾아다녔다. 아인슈페너가 비엔나와 같이 크림이 올라가는 커피라는 것을 몰라 당황했던 적이 있다. 분명 누군가 올린 사진 속에서 비엔나를 봤는데 메뉴에 없어 다른 메뉴를 시키고 아쉬워한 적이 있다. 아무리 생각해도 섭섭해서 다시 카운터로 가서 물어봤더니 아인슈페너가 비엔나와 같은 커피라고 알려주셔서 한 잔 더 시키고 말았다. 그렇게 비엔나에 집착했었다.

 비엔나를 마시기 위해 광화문 씨네큐브에 영화를 보러 갈 때면 빼놓지 않고 들르는 곳이 있다. 세월이 쌓여 만들어진 그곳 만의 단련된 분위기로 정중하게 맞이해 주는 커피스트, 영화에 취해 감상평을 나누기에도 좋은 곳이지만 그건 핑계고 비엔나가

마시고 싶어서 간다. 비엔나로 유명한 카페들은 꽤 오랜 시간 그 자리를 지키고 있는 곳이 많다. 한 해 두 해 만에 바쁘게 변하고 사라지지 않고 자리를 지키고 있는 곳, 커피스트도 그중 한 곳이다. 예쁜 잔에 담겨 나오는 자태는 물론이고 차가운 크림이 따뜻한 커피에 천천히 녹아 섞이는 느낌이 좋아서 따뜻한 비엔나를 마신다. 같이 발걸음 한 분들은 다양한 메뉴의 커피를 주문하지만 나는 더운 여름날에도 고집스럽게 따뜻한 비엔나를 주문한다. 시원한 커피가 당기는 날에도 고풍스러운 찻잔에 담겨 한껏 자태를 뽐내며 나오는 비엔나를 포기할 수 없다. 추운 겨울엔 더할 나위 없다.

처음 찾아갈 때 카페라곤 있을 것 같지 않은 언덕길을 걸으며 이런 곳에 카페가 있는 것이 맞나 의

구심이 들어 지도를 몇 번이고 확인하고 또 확인했다. 회색 건물들 사이에 자줏빛 차양막을 발견하곤 안도했다. 안으로 들어가면 오른쪽으로 길게 바가 있고 그 앞으로 두꺼운 원목 테이블들이 놓여있다. 바 안쪽의 붉은색 벽이 인상적이었다. 여기저기 책들이 쌓여있어 북 카페 같기도 했다.

 선선한 바람이 불어 언덕길이 오르고도 따뜻한 비엔나를 마실 수 있는 계절이 찾아와 오랜만에 사직동으로 발걸음을 옮겼다. 역시 테라스 자리를 찾는 계절이다. 야외 자리와는 다르게 한산한 실내에 자리를 잡고 비엔나를 주문했다. 아뿔싸, 시나몬 가루가 올라간다는 것을 잊고 있었다. 어쩐지 시나몬 향이 거슬리지 않아 용기 내서 마셔봤다. 새콤한 과일향이 나는 원두는 드립으로 내려 쓴맛이 없고 은은하게 산미가 나 시나몬 향과 잘 어우러지면서 부드러운 크림과 함께 목으로 넘어갔다. 지레 겁먹고 항상 시나몬을 **빼고** 마셨는데 역시 시도해 볼 일이다. 시간이 지나고 나이가 들어서 좋은 건 고집스럽게 변하지 않을 것 같았던 것도 이렇게 변해간다는 것이다. 크림이 너무 묵직해 따라오지 못하는 일 없이, 너무 많아서 넘쳐나는 일 없이 적당해 마지막까지도 커피를 방해하지 않았다. 적당한 것이 가장 어렵다. 세븐틴의 〈Back it up〉 가사가 생각났다. "적당히를 적당히 몰라"

기다릴 수 있어 : 조앤도슨

 내가 제일 자주 하는 요리는 프렌치토스트다. 어렸을 때 엄마가 해주던 프렌치토스트는 설탕이 아닌 소금을 넣고 마가린에 구워 짭짤하고 고소한 맛이었다. 가끔 생각나서 해 먹을 때면 당연하게 소금을 넣었다. 카페에서 처음 먹어본 프렌치토스트는 메이플 시럽이 잔뜩 뿌려진 폭신하고 달콤한 맛이었다. 충격이었다. 프렌치토스트는 달콤한 빵이었던 것이다. 프렌치토스가 당연히 짠 음식이라고 알고 있었는데 단 음식이었던 것처럼 살면서 당연하다고 생각했던 것들이 사실은 다를 수 있다는 것을 새삼 느꼈다. 엄마에겐 미안하지만 달콤한 토스트가 더 맛있었다. 그 이후론 소금 대신 설탕을 넣고, 메이플 시럽을 잔뜩 뿌려 달달하게 해서 먹는다. 카페에서 먹는 부드럽고 포근한 맛은 없어 늘 아쉬운 나의 프렌치토스트, 그래서 결국 프렌치토스트 맛

집들을 찾아다닌다.

 평일에도 웨이팅이 길다는 조앤도슨. 마음 단단히 먹고 오픈 시간에 맞춰 찾아갔다. 아뿔싸. 역시 맛집은 오픈 전에 줄을 서는구나. 좁은 공간에 주방을 크게 만들어 좌석이 많지 않았고, 결국 웨이팅 명단에 이름을 남기고 한 타임을 기다려야 했다. 근처에 있다가 자리가 나왔다는 반가운 전화를 받고 서둘렀다.

 3명 이상 앉을 수 있는 자리가 없어 대부분 혼자 아니면 둘이었다. 전날부터 한껏 기대했던 프렌치토스트와 아이스 라테를 주문하고 자리에 앉았다. 주방을 마주하고 일렬로 앉게 되어 있어 주방의 움직임이 잘 보였다. 정성스럽게 밑 작업이 되어있는 빵을 약한 불에 천천히 골고루 뒤집어가며 공들여서 굽고, 설탕을 소복하게 올려 오븐에 다시 굽고, 토치로 불을 더해 접시에 플레이팅 되어 나왔다. 정성과 시간이 많이 들어간 음식은 맛이 없을 수 없지!

 메이플 시럽과 슈거파우더가 뿌려진 모습이 포근했다. 말돈 소금을 같이 줬는데 달콤하게 먹다가 조금씩 찍어 먹어보라고 했다. 자르는 순간 김이 모락모락 올라왔다. 카늘레 속을 닮아 말랑하면서 얇게 잘 구워진 겉은 바삭하지만 단단하지 않았다. 설탕이 토치에 적당하게 타 캐러멜 캔디가 되어 씹으면 달달함이 더해지면서 사르르 녹았다. 다채로운 식감이 아주 매력적이다. 아, 이게 행복한 맛이구나. 입안 가득 폭신폭신한 빵이 달달하게 퍼져 기분이 좋아졌다. 고소하고 끝 맛이 묵직한 라테와 아주 잘 어울렸다. 말돈 소금에 찍어 먹으니 어렸을 때 엄마가 해준 짭짤한 프렌치토스트가 생각났다. 이렇게 훌륭한 단짠의 조합이라니. 사진으로 보는 것보다 두툼하고 커 한 끼 식사로 충분했다. 다 먹고 나오는데 도서관에 예약해둔 책이 도착했다는 문자가 왔다. 배도 든든해졌겠다 걸어 볼까. 이 평범한 일상이 가져다주는 행복감, 행복은 기쁨의 강도가 아니라 빈도라는 행복 심리학의 말처럼 역시 작은 것들이 쌓여서 행복해진다. 문득 또 먹고 싶어지면 이 작은 행복을 쌓기 위해 기꺼이 웨이팅을 해야겠다.

카페 웨이팅을 카페에서
: 피프에스프레소바

 가끔 유명한 카페를 가려면 웨이팅을 해야 한다. 오픈 시간에 맞춰 갔는데 이미 줄이 길어 결국 바로 들어가지 못하고 웨이팅 명단을 작성했다. 밖에서 기다리기엔 햇볕이 강렬하고 너무 더운 날씨였다. 결국 시간을 때울 곳이 마땅치 않아 우습게도 카페를 가기 위해 또 다른 카페에서 기다리기로 마음먹었다.

 마침 걸어서 2분 거리에 찜해둔 에스프레소바가 있었다. 우드와 블랙톤으로 잘 정돈된 매장으로 들어서면서 여긴 분명 맛있을 거라는 직감을 했다. 입구가 양쪽으로 나 있는데 내가 들어간 곳은 뒷문이었다. 음료 만드는 곳을 가운데 둬서 디근자 형태로 되어 있었다. 복도 같은 길을 지나서야 카운터

가 나왔다. 카운터 앞은 스탠딩 바였다. 서서 마실 건지 앉아서 마실 건지 물었다. 앉아서 마시겠다고 하고 메뉴를 살폈다. 빈속이라 크림이 들어간 크레모소로 골랐다. 크림 위에 카카오 파우더가 소복하게 뿌려져 보기만 해도 달콤한 모습이다. 한 모금 마신 후 너무 맛있어서 이곳을 찾아온 나를 스스로 칭찬했다. 쌉싸름하고 강하지 않은 산미가 초코랑 잘 어울렸다. 섞지 않고 세 번 정도로 나눠 마시는 것을 추천했는데 이유를 알 것 같았다. 처음 한 모금과 두 번째 모금의 맛이 조금 달랐다. 처음은 크림과 초코의 부드러움과 달콤함이 먼저 느껴졌고, 두 번째는 쌉싸름한 커피 맛이 더 강하게 느껴졌다. 세 번째는 밑에 깔린 설탕 덕분에 달달했다. 남은 크림과 설탕을 마지막으로 떠먹으니 정말 적절하게 달콤함이 입안에 남았다. 아, 한 잔 더 마시고 싶다. 하지만 곧 또 커피를 마실 건데. 아쉬운 마음을 꾹꾹 참고, 다음을 기약하며 전화를 기다렸다.

다음엔 웨이팅을 위해서가 아닌 온전히 커피를 마시기 위해 올 생각이다. 에스프레소를 얼려 만든 그라니따를 마시고, 크루아상을 먹으며 에스프레소를 한 잔 더 마실 것이다. 아쉬우면 또 한 잔 마실지도 모른다. 그리곤 나도 에스프레소 잔을 쌓아야겠다.

끝으로,

자판기 커피

 학교 자판기의 150원짜리 일반 커피와 200원짜리 고급 커피, 맛의 차이가 나진 않지만 잔돈이 두둑한 날에는 200원짜리 고급 커피를 마셨다. 사소한 내기를 할 때면 200원짜리 고급 커피를 걸었다. 200원짜리 고급 커피를 마시는 친구를 발견하면 다 같이 입 모아 부자라고 사치 부린다고 놀렸다. 실기실에서 야간작업을 하다 커피 냄새가 나면 삼삼오오 자판기 앞으로 모여 커피를 마셨다. 실없는 얘기를 나누며 뭐가 그렇게 재밌다고 깔깔깔 웃음소리로 가득 메웠다. 추운 날에는 자판기 코코아를 마셨다. 뜨겁고 싸구려 단맛이 나는 코코아로 추위를 데웠다.

 자판기 앞을 지날 때 나는 달달한 커피 향과 컵 내려오는 소리, 가루와 물이 나오는 소리를 들으면

200원으로 사치를 부리던 그 시절의 새벽이 생각난다. 이제는 달아서 마시지 않게 된 자판기 커피. 겨울이 되면 천 원짜리 지폐 한 장을 지갑에 넣고 다닌다. 유난히 추운 날이면 자판기 코코아로 몸을 녹이기 위해.

엄마에게 부탁해 고향집에 있던 '카페 도쿄'를 택배로 받아 오랜만에 펼쳐보았다. 여기저기 지하철 노선표를 그리고 열심히 메모해 둔 흔적이 반갑다.

"당신은 왜 커피를 좋아하나요?"

커피를 마시며 나누는 대화, 다양한 공간에서의 시간들이 좋은 기억으로 이어져 커피를 더 맛있게 만들어준다.

커피 한잔 할까?

우리가 카페를 찾는 이유

초판 1쇄 2022년 9월 21일

지은이	김소현
그림	김소현
편집	김소현
디자인	김소현
펴낸곳	별별책
E-mail	byulbyulgreem@gmail.com
Instagram	@byuljoy
ISBN	979-11-980089-7-8 13810

ⓒ**김소현, 2022**

이 책의 저작권은 지은이에게 있으며
무단 전재와 복제를 금합니다.